FVA

Thomas Strittmatter

Thomas Strittmatter

Milchmusik

Zwei Monologe

Frankfurter Verlagsanstalt

1. Auflage 1996

Herstellung: Thomas Pradel, Frankfurt am Main
Einbandgestaltung: Bertsch & Holst
Satz: Fotosatz Amann, Aichstetten
Druck und Bindung: Franz Spiegel Buch GmbH, Ulm
Printed in Germany
ISBN 3-627-00042-0

Milchmusik

Wenn mein Tag beginnt, ist noch lange Nacht, und ich wünsche mir, ich könnte besser singen. Dann würde ich das Fenster öffnen und etwas hinaus singen, etwas, was den Nachthimmel öffnet. Man sieht schon die Wolken, sie sind weiß, die Häuser sehen noch alle gleich aus. Und weiter hinten eine große Kirche mit zwei Türmen, die sind grün und leuchten auf eine ungesunde Weise. Viele Reisende besteigen sie, wegen des Rundblicks. Tagsüber kann man das ungesunde Leuchten nicht sehen, also steigen die Fremden ganz heiter und unbesorgt auf die Türme, und wenn der Abend anbricht, wundern sie sich, warum sie nun selbst grün, fahl und ungesund leuchten, wenn sie aus den Bierlokalen heraustreten und sich auf den Weg machen zu ihren Hotels. So erkennt man den Fremden, die Fremden in der Stadt, ein Zug von grün Leuchtenden.

Reisen bildet, so sagt man, wer rastet, der rostet, so sagt man. Mag alles so sein. Sollen die Fremden leuchten. Sollen die Völker wandern, wohin sie wollen, denn da die Welt keine Scheibe ist, fallen die Völker nicht ins Leere und sie stoßen an keine Grenzen. Von Kugelgestalt ist die Welt, daher kommen die Völker irgendwann wieder dort an, wo sie losgewandert sind. Daher bleibe ich am liebsten, wo ich bin. In aller Ruhe schaue ich hinaus auf die Ströme, die sich vor meinen Fenstern ergießen.

Fahrradströme, Kinderwagenströme, Fußgängerströme, Kraftwagenströme, die Elektrischen und die geknickten Busse der städtischen Verkehrsbetriebe. Ich bin der Mahlstock, um den alles kreist; ich bin wie die Spinne, die seit Jahren in ihrem Netz über meinem Küchentisch sitzt; ich bin der mächtige Mann, der auf der Stelle bleibt, sich nicht bewegt, die anderen ergießen sich wie verschüttete Milch, und wie die Milch werden sie säuerlich und ranzig und flocken aus und verkäsen und zersetzen sich und werden aufgeschlabbert oder aufgewischt oder sickern an einer Stelle ein und verlieren sich im

Gebälk. Nein, da bleibe ich doch lieber zu Hause und trinke ein Täßchen Tee.

Seit ein paar Jahren wird der Tee schlecht, wenn man ihn in der Tasse stehen läßt. Dann schließe ich die Augen und trinke ihn, lauwarm. Mag sein, es ist das Spüli, was so glänzt auf dem Tee. Oder sie mischen das Spüli schon in das Wasser, bevor es aus dem Hahn kommt. Oder das Spüli ist schon in den Teeblättern. Oder das Spüli ist bereits der Atemluft beigemischt, Spülifabrikant sollte man sein.

Langsam fahren die Lastkraftwagen mit der Milch. Man sollte seine Stimme von Kind auf pflegen. Stimme und Musik. Es gibt ja ältere Herrschaften, die singen wie kein Junger. Es hat einmal eine Dame im Haus gewohnt, die hatte Stimme; immer gesungen beim Treppensteigen. Wenn ich die Tür einen Spalt aufhatte, hat es mich gerührt. Immer zu singen, bis man hinausgetragen wird, das rührt mich. Ich habe auch gesehen, wie der Wagen kam. Drei Männer. Sie parkten auf dem Gehweg, wo's verboten ist. Zu früh für Strafzettel.

Fünfzehn Jahre hat sie im Haus gelebt, Asthmatikerin, und trotzdem bei Stimme. Durch den Spalt meiner Tür lauschte ich auch in die Pausen hinein, die sie auf jedem Treppenabsatz machte. Ein Geräusch zischte zu mir hoch, fünf, sechs Jahre lang wußte ich nicht, was da so zischt wie das Haarspray aus dem Fernsehen. Der Wagen fuhr davon, ruhig und schön, schlimm sah es nur aus, wie sie vom Gehsteig herunterfuhren, ein viermaliges Stolpern. Und einer der Männer hatte beim Einsteigen ein Fläschchen in der Hand und sprühte den Inhalt in den Morgen.

Der Bube erzählte mir, was man in der Straße klatscht: Die Männer hätten so lange gebraucht, weil die Verstorbene, blau im Gesicht wie eine Pflaume, sich in dieses Fläschchen verkrallt hatte. Der Große Brockhaus gab Auskunft, wie immer: Auch Angst löse bei Asthmatikern den Erstickungstod aus. Fürchten sollte man sich nur im Notfall, aber wer weiß das schon. Herrgott, denke ich manchmal, hätten sie ihr das Fläschchen wenigstens gelassen. Die Lieder schweben noch immer durch das Haus, ich weigere mich, das zu vergessen.

Die Männer hatten gewiß Angst vor einer Explosion, meinte der Bube und erzählte mir von einem der Italien-Aufenthalte, die mir so lästig sind, da ich dann auf Vorrat und Dose leben muß. In der italienischen Hitze, so erzählte der Bube, sei auf einem Parkplatz in Ravenna das Fläschchen mit dem Türenteiser explodiert, der Wagen schnellstens und unnötig von Carabinieri mit israelischen Maschinenpistolen des Fabrikats Uzi umstellt worden, da man terroristische Anschläge fürchtete. Wenn die Bomben explodiert sind, ist es meist zu spät, wandte ich ein. Der Bube gab mir recht und lachte. Ich höre ihm so gerne zu. Andererseits, denke ich, wäre es meiner Nachbarin nicht recht gewesen, sich mit einer Explosion von der Welt zu verabschieden, einem herben Knall als letzten Gruß von einer Frau, die ihr Leben lang gesungen hatte.

Das Schlimme mit dem Spüli-Tee: Je länger er steht, desto dicker und glänzender wird die Pest darauf. Ist Pest das rechte Wort? Man spricht im Fernsehen von Öl-Pest, und die Luftaufnahmen ähneln in mancher Hinsicht dem Bild, das mir meine Teetasse täglich bietet. Der Große Brockhaus gab mir Auskunft. Pest und Mittelalter. Sogenannte Geißler-Züge ziehen über das Land, siehe Flagellanten, Büßer. Während andere glaubten, das Elend sei nicht mehr abzuwenden und das Leben zu kurz, um zu büßen. Sie ergingen sich in orgiastischen Feiern. Andere steinigten die Juden, die der Brunnenvergiftung verdächtigt wurden. Der Große Brockhaus ist mir täglich von Nutzen. Täglich erfinden sie neue Wörter, neu für mich. Zu meinem Erstaunen finde ich sie meistens doch. Oft sind sie, eigentlich, falsch angewandt, was keine Rolle zu spielen scheint. Zum Beispiel schlage ich das Wort POLEMIK nach. Es heißt schlicht FEDERKRIEG, ein Wettstreit von Gelehrten in Griechenland. Hierzuland braucht nur ein Politiker einen anderen Arschloch zu nennen, und schon behaupten sie, das sei POLEMIK. Ich bitte, was hat das mit Gelehrtenstreit zu tun? Schmückt man sich da nicht mit fremden Federn?

Vom letzten italienischen Aufenthalt des Buben habe ich noch 46 Dosen Corned beef im Vorratsschrank, keine sehr leicht verderbliche Ware. Ich esse es nicht gerne, die Amerikaner haben uns nach dem Krieg damit beschenkt. Aber was soll ich tun, der Mensch muß essen, zur Not auch Corned beef. Zweimal mußte der Bube die Treppen hochsteigen, da die Dosen so schwer waren. Folgerichtig bekam er zweimal fünf Mark. Ich bestand auch auf einer zweimaligen Darbietung der Mundmusik. Beim zweiten Mal etwas kurzatmig. Es war ja heiß draußen, der Bube außer Atem. Und die Luft ist auch zur Beherrschung dieses Instruments wichtig. Der Knochenbau des Kopfes dient als Resonanzkörper, die ausgeatmete Luft trägt die Töne in den Raum.

Die Häuser beginnen mit zunehmendem Licht, sich voneinander zu unterscheiden. Ein Fernrohr, ein Feldstecher. Daran dachte ich früher einmal, aber ich fühlte mich bei dem Gedanken schon unanständig. Ein solcher Greis wollte ich nicht sein. Obwohl die Neugier bekanntlich jeden übermannt. An anderen Tagen wünschte ich mir, ich lebte in einer Hafenstadt. Denn dort, so stelle ich mir vor, besitzt jedermann ein Glas, weil jedermann ein pensionierter

Seemann sein könnte. Ich würde mit dem Fernrohr zum Hafen hinunterschauen, Möwen statt Tauben auf dem Fensterbrett. Obwohl das im Endeffekt keinen Unterschied macht, kann ich mir denken.

Einen Kasten mit Kräutern vor dem Fenster, das wäre es. Im Fernsehen verlangen sie immer, daß die Leute Vitamine essen. Ich esse selten Vitamine. Warum auch? Die Angst vor Skorbut, der gefürchteten Seemannskrankheit, habe ich mit meinen Zähnen verloren. Wo kein Zahn mehr ist, kann auch keiner ausfallen. Die krause italienische Petersilie, so schwärmt man im Fernsehen, sei besonders reich an Vitamin C. Der Bube brachte mir Kasten, Samen und ein Gestell, um alles sicher am Fensterbrett aufzuhängen. Die Pflänzchen sprossen rasch, ich bildete mir ein, ich könnte sehen, wie sie wachsen. Das muß Einbildung gewesen sein; denn hätte ich sie so genau betrachtet und so gut gepflegt, daß ich sie hätte wachsen sehen können, dann hätte ich die Tauben bemerkt, die daran zupften, ihr Ungeziefer in meinen Kräuterkasten schleppten und mit ihrem Kot die Pflänzchen, die sie nicht zerzupft hatten, verätzten. Eine ernsthafte Wut kochte in mir, ich schüttete das Brausepulver über die Petersilienleichen, von dem mir einmal erbärmlich übel geworden war. Tatsächlich blieben die Tauben einige Tage aus. Ich vermute, sie bekamen denselben schlimmen Durchfall, den ich auch hatte. Die Folgen mußten die armen Nachbarn tragen.

Der Große Brockhaus half mir weiter: SKORBUT wurde durch Südfrüchte und auch durch Sauerkraut bekämpft. Südfrüchte mochte ich noch nie, die Farben Gelb und Orange sagen mir nicht zu. Sauerkraut ist in Dosen zu bekommen und sehr haltbar. Vor Vitaminmangel hatte ich nie Angst. Trotzdem esse ich selten Sauerkraut, wegen des Geruchs.
Die Belästigung, die den Nachbarn durch meinen Durchfall entstanden war, reicht für die nächsten Jahre. Meine Toilette ist draußen, auf dem Flur. Gott sei Dank stinkt der Kot der Tauben nicht. Oder stinkt er doch, und ich habe meinen Geruchssinn verloren? Ich bilde mir an sich ein, ich habe meine Sinne noch alle beisammen. Gegenteiliges habe ich noch nicht bemerkt, doch was will das schon heißen.

Über sich selbst fällt man die schlimmsten Fehlurteile, am schnellsten stirbt der Arzt, der sich selber heilen will, als erster wird der Politiker versagen, der sich selber glaubt, und die Familie des Schreiners sitzt am längsten am wackeligen Tisch.

Und nun steht auch der Nachtwächter im Autohaus von seinem Tischlein auf und löscht das Licht, und der Herr, der sich jeden Morgen seine Zeitung stiehlt, kommt die Straße herunter. Sein Gang ist nicht eilig, aber zielstrebig, ich dachte immer, er geht früh in ein Büro, bis ich dann bemerkte, daß er sich jeden Morgen bei den Zeitungsstapeln bückt, um einen Schnürsenkel zu binden, doch er trägt die bequemen Schuhe, in die man nur schlüpfen muß, ungebunden, und elegant steckt er die Zeitung unter den Arm, geht zur Haltestelle, studiert den Fahrplan, sieht auf seine Uhr, schüttelt den Kopf und geht auf der anderen Straßenseite zurück. Während er seine Zeitung studiert, nehme ich eine Sauerkrautkonserve, ein Löschpapier, stelle die Dose darauf, ziehe einen Kreis, markiere vier Punkte im Inneren des Kreises, die mir wiederum eine Hilfe sind, einen zweiten, kleineren Kreis zu ziehen. Diesen kleinen Kreis, der denselben Durchmesser wie das Innere meiner Teetasse hat, schneide ich mir mit der stumpfen Nagelschere aus und lege ihn auf die verpestete Teeoberfläche, um den Film fürs erste abzuziehen. In der Regel zeigen sie zuerst die Luftaufnahmen der Ölpest und dann ein Schiff, von dem aus Bindemittel aufs Wasser geworfen wird, und dann einen Vogel, eine Möwe, die von der Ölpest befallen ist und noch schwach zuckt, ansonsten aber ganz und gar verklebt ist.

Ich glaubte immer, die Möwen seien Vögel, die selten landen; die Möwe ein Seevogel, und das Wasser hat keine Balken, doch zugegeben, es kreuzen Schiffe auf, und auch Möwen brauchen Liebe, und das geht nicht im Flug, dazu brauchen sie ein Fensterbrett, auch mein Fensterbrett, lebte ich in einer Hafenstadt, und ich müßte mich fühlen wie ein lüsterner Greis, der den Möwen beim Vögeln zuschaut. Nein, da lebe ich schon lieber in einer Stadt, die von Bergen umgeben ist, bewahre meine Würde und meinen Stolz, nicht einmal eine Brille lasse ich mir verschreiben. Andererseits bin ich auch mit meiner Sehkraft voll und ganz zufrieden, glaube sogar, daß ich Dinge sehe, die andere nie im Leben sehen, da ich ja, wie beispielsweise eine Sternwarte, immer am gleichen Fleck bin.

Der Mann mit der Zeitung ist immer langsamer gegangen, ungewöhnlich, sonst ist er schneller, aus Angst vor der Peinlichkeit, ertappt zu werden. Er bleibt stehen, schaut in seine Zeitung, sieht nach oben wie einer, der wissen will, ob es gleich regnen wird. Er sieht sich um, knöpft sein Jackett zu, steckt die Zeitung wieder unter den Arm und geht schnell die Straße hinauf, wird schneller, läuft, rennt. Ich kann keinen sehen, der ihn verfolgt. Nur der Nachtwächter, der das Autohaus verläßt, der schon seine Dienstjacke mit seiner Privatjacke vertauscht hat, schaut ihm verwundert nach, einem Herrn, der rennt. Auch er schaut in den Himmel, doch er freut sich auf einen schönen Tag. Er wird schlafen bis gegen 16 Uhr, dann wird er auf einen Spaziergang hinausgehen, um ein wenig an der Sonne gewesen zu sein. Wer möchte schon das bleiche Gesicht eines

Menschen haben, der nachts arbeitet und tagsüber schläft. Und in der Tat, es sieht nach schönem Wetter aus. Mein Tee ist restlos kalt. Schon beginnen sich neue Flecken auf der Oberfläche zu bilden. Vorerst noch wenige, es werden aber mehr. Auch die Autos, die Busse werden mehr. Wenn ich die Fenster schließe, höre ich fast nichts mehr von draußen. Was man hört, könnte auch ein entferntes Gemurmel von tausenden Stimmen sein, es ist weder angenehm noch unangenehm. Allerdings wird nicht nur der Lärm zum Gemurmel gemacht; auch die Luft in der Wohnung ist anders, seitdem ich diese neuen Schutzfenster habe. Bemerkt habe ich diese Tatsache anhand eines in Folie eingeschweißten Brotes. Ich öffnete unter Schwierigkeiten die Verpackung. Da ich es nicht allein mit der Kraft meiner Hände bewerkstelligen konnte, nahm ich ein Messer zur Hilfe. Das Hineinstecken lockte einen seltsam ergreifenden Ton hervor, der beinahe etwas von einem Seufzer, sogar von einem letzten Seufzer hatte. Ich biß in das Brot und hatte das Gefühl DIESES BROT IST TOT. Es hat die Luft eingesaugt und ist daran gestorben. Mehrmals am Tag öffne ich die beunruhigenden Fenster, trotz des Verkehrslärms. Die Ruhe, die ich durch diese neuen Fenster bekommen habe, wiegt in keiner Weise die Unruhe auf, die in mein Leben kam, als die Handwerker hier waren. Ich versuchte sie zu beruhigen, wie man landläufig glaubt, Handwerker beruhigen zu können: mit Hilfe von Bier. Der Junge mußte mehrere Kästen hinaufschleppen, was ihm allerdings eine kräftige Finanzspritze einbrache. Finanzspritze, das bedeutet in meinem Fall einen Zwanzigmarkschein. Dieses Wort wird in der Politik gerne verwendet. Finanzspritze, Finanzspritze. Da tun sie so, als wären sie Ärzte und brächten das Geld über die Blutbahn ins Herz. Die Handwerker wurden nicht ruhig durch das Bier. Sie wurden lustig, und lustige Menschen erträgt man selten gern, wenn man ihre Witze nicht versteht.

Schaue ich durch das geöffnete Fenster nach rechts, sehe ich ein Straßencafé. Nie habe ich verstanden, warum sich die Menschen an dieser vielbefahrenen Straße drängen, um Kaffee zu trinken. Früher bin ich gern auf Plätzen gesessen, um zu schauen.

Irgendwann begannen die Menschen, sich beinahe täglich auf den Plätzen zu versammeln, aufzustellen in zahlreichen Positionen und Formationen, in Chören zu sprechen, Gymnastiken aufzuführen, Reden zu halten, Kundgebungen. Dann konnte ich nicht mehr hinschauen. Ich hasse es, öffentlich Gymnastiken aufzuführen. Das hübsche Mädchen im Straßencafé kniet sich über die übereinandergestapelten Tische. Sie schließt Fahrradschlösser auf, mit denen die Tische aneinandergekettet sind. Sie stellt die Tische in der gewohnten Anordnung auf. Die Stühle sind mit einer langen Kette gesichert, und der oberste ist voll von Taubenkot. Sie stellt die Stühle hin, kratzt mühselig an dem beschmutzten Stuhl herum und geht dann hinein. In der nächsten halben Stunde werden Leute zum Frühstück herkommen. Oft sind es Leute, die fein angezogen sind, Abendgarderobe, aber unrasiert und mitgenommen aussehend. Die sehen so aus, als wären sie am Vorabend fein ausgegangen und wollten das Amusement nicht enden lassen. Jetzt sitzen sie an der Straße, das heißt in einer halben Stunde ungefähr, sitzen aufgekratzt und haben das Gefühl, das unregelmäßige Vibrieren der überreizten Nerven sei die Fortsetzung des Amusements vom Vorabend. Aber möglicherweise haben sie recht damit. Wie ich im Lexikon gelesen habe, ist Gefühl ja nichts anderes als eine Flüssigkeit, die in Bläschen hin und her schießt. Wenn man sich also freut, platzt eine dieser Bläschen, und Flüssigkeit tritt aus. So einfach ist das. Meistens sind es dieselben Leute, die dort sitzen, unrasiert, Abendgarderobe, keine Tagediebe, sondern Nachtdiebe. Ich kann es verstehen: Die Nacht um die Ohren war mir oft lieber als den Tag klar vor Augen. Einer von diesen Morgenstammgästen ist der Herr mit den drei Anzügen. Über die Jahre hinweg ist man der Ansicht, jemand verfüge über eine unerschöpfliche Garderobe. Mit der Zeit bemerkt man, daß dahinter nichts als ein ausgeklügeltes System der Rotation steckt. Rotation sagen sie auch oft im Fernsehen. Ich vermute, habe noch nicht nachgeschlagen, das heißt so etwas wie Umwälzung. Aber bisher bewegt sich nichts. Und alle haben das Gefühl, es müsse sich etwas bewegen. Zum Beispiel wie jener Mann, ein Sportler, der die Straße auf und ab rennt, mit dem Ausdruck einer fanatischen Verbissenheit im Gesicht. Auch er läßt heute auf sich warten. Dafür aber kommt wie gewöhnlich der Herr mit den drei Anzügen, setzt sich an einen Tisch, winkt die Bedienung herbei, wechselt einige Worte. Sie deutet nach oben und dann nach innen. Der Herr mit den drei Anzügen steht widerspruchslos auf und geht hinein. Auch er schaut in den Himmel, und er sieht genauso wenig wie ich. Jetzt wäre es Zeit, eine Zigarette anzustecken. Er kommt nicht. Also rauche ich ohne ihn, was längst nicht so gut schmeckt. Auch der Herr mit den drei Anzügen wird sich drinnen eine Zigarette angesteckt haben, und er wird das Mädchen mit der hohen schönen Kinderstirn anschauen, müde, aber immer noch voll Bewunderung für die Schönheit der Frauen. Nachts ist er fröhlich und unterhält sich charmant. Morgens trinkt er alleine seinen Kaffee und betrachtet die vielbefahrene Straße. Und immer noch kein Sportsmann, und die Zigarette nur noch ein Stummel. Und die Tasse leer, nur an den Rändern der Film, die Pest, der Belag. Mit dem Zigarettenstummel zünde ich die Gasflamme an, die wie immer hochschießt, um mir die Nasenhaare abzubrennen.

Das bedeutet: getrübter Geruchssinn. Das Wetter des Tages hat sich eindeutig entschieden, schön sein zu wollen. Ich freue mich darauf. Ich freue mich auf die gute Laune des Jungen, der mir heute Geräuchertes versprochen hat. Kasseler Rippchen, dazu werde ich Kartoffeln kochen, heute kein Kraut.

Kaum habe ich das eine Zimmer verlassen, um Tee zu kochen, höre ich am Fenster nebenan ein Schaben, ein Klopfen beinahe. Das sind die Tauben, die partout hier nisten wollen, seit Jahrzehnten. Ich gehe hinüber, klopfe an das Fenster, das fette, räudige Biest, es bleibt sitzen, plustert sich sogar. Ich klopfe heftiger. Jetzt fliegt sie träge weg und hinterläßt unter anderem ein Häufchen von Ästen. Aus der Nähe sehen diese Tiere erst recht aus wie Ratten. Ich kehre die Ästchen vom Fensterbrett und beobachte ihren Segelflug nach unten. Muß aber den Kopf schnell zurückziehen, denn da eilt ein Passant. Die Ästchen fallen vor seine Füße, und er zuckt erschreckt zusammen. Schimpft allerdings nicht nach oben, sondern wird noch eiliger. Wenige sind zu Fuß unterwegs. Der Verkehr fließt, der Bürgersteig, so scheint mir heute, ist vermint, und merkwürdige Wege muß man gehen, um nicht in die Luft zu fliegen. Heute sind viele LKWs unterwegs, besonders die mit der Milch sehe ich ständig auf und ab fahren.

Vor kurzem habe ich dem Jungen ein Gedicht aufgesagt. Es hätte mich gefreut, wenn er es auswendig gelernt hätte, aber er lernt nicht auswendig, sagt er. MUTTER, MUTTER, D'MILCH WIRD IMMER MEHR oder ähnlich. Es tat ihm leid, daß er es nicht auswendig lernen wollte. Er sagte, er werde das Gedicht auf der Stelle vertonen. Und spielte auf der Maultrommel eine Milchmusik. Du hast recht, sagte ich, das Auswendiglernen hat keinen Sinn, wenn du solche Musik zum Gedicht machst. Über die Musik habe auch ich den Wortlaut des Gedichtes vergessen. Hätte ich ihn nur behalten, denn jetzt habe ich nichts mehr, bis der Junge wiederkommt, um mir die Milchmusik vorzuspielen.

Jetzt sitze ich allein, warte, bis das Teewasser zu sprudeln beginnt und der Dampf den Deckel sanft bewegt. Sitze ich, warte, stehe auf, gehe zum Fenster im anderen Zimmer und sehe, daß das Straßencafé noch immer unbelebt ist, die Tische leer, die frechen Spatzen ungefüttert herumhüpfen; das sind sie nicht gewohnt, daß keine Krümel für sie fliegen. Das schöne Mädchen steht an der Glasfront und schaut auf die leeren Tische, der Herr mit den drei Anzügen hat sich eine Zeitung bringen lassen. Ich warte, bis es Mittag wird, der Junge mit dem Geräucherten kommt. Eine Musik würde ich nun schon sehr gerne hören. Müde werde ich. Für einen kurzen Moment schlafe ich auf meinem Fenstersessel ein. Das ist in der Regel so, und es tut mir gut.

Ich schließe die Fenster, und die tausend Stimmen murmeln mich in den Schlaf. Einige singen, Frauenstimmen, die mich hinausrufen. Andere verbieten mir hinauszugehen, weil unsichtbare Blitze mich totschlagen werden, so schnell, daß ich keinen Donner mehr höre. Die anderen singen lauter, singen, ich sei gefeit, mich trifft kein Blitz. Sie singen, ich müsse hinaus, den Jungen suchen. Die anderen singen, werden lauter, ich würde den Jungen nicht finden, hätte die Milchmusik zum letzten Mal gehört, kein Gedicht, kein Lexikon wird mir helfen. Mein Schlaf wird unruhig, und die Stimmen sind nichts anderes als Verkehrslärm, der durch meine Schallschutzfenster gedämpft wird, unangenehme Erinnerung an die Störung meines Lebens für zwei Tage durch den Einbau der Schallschutzfenster. So schläft es sich nicht gut, so wache ich wieder auf. Ob ich lange geschlafen habe, weiß ich nicht. Es riecht merkwürdig, verbrannte Nasenhaare. Ich gehe in die Küche zurück, wo auf der viel zu großen Flamme mein Teekessel glüht, das Küchenfenster ist beschlagen, Dampf im Raum. Ich öffne das Fenster, der Dampf zieht hinaus, kleine Pfützen bilden sich auf dem Fußboden, und das Spinnennetz, das über dem Tisch hing, hat sich Tautröpfchen eingefangen, ist schwerer geworden, hat sich auf das Brot, die Butter, den Salzstreuer, die Teetasse und die Kekse herabgesenkt. Einen Dornröschenschlaf habe ich gehalten, sieht nach vielen Jahren aus. Ich fülle den glühenden Kessel mit Wasser, laut zischt es, und ich verbrenne mir die Finger. Nein, genug, keinen Tee mehr. Ich verlasse die Küche für heute. Ich will weder etwas essen noch will ich verpesteten Tee. Kein Geräuchertes und keine Kartoffeln. Ich warte nicht mehr darauf, daß der Junge endlich kommt.

Weder regnet es noch blitzt es, kein Donner ist zu hören, nur die LKWs donnern am Haus vorbei, der Himmel ist klar, die Kirche mit den beiden Türmen ist so gut zu sehen wie selten, kaum ein Mensch auf der Straße, nur Autos, Busse, die Elektrische und unter der Erde die U-Bahn. Die Gemüsehändler stehen unbewegt an ihre Karren gelehnt, der eine trägt eine Sonnenbrille, und der am anderen Ende der Straße beschattet die Augen mit einer Zeitung, niemand kommt, niemand läßt sich etwas einwickeln.

Gerne würde ich den Jungen die englischen Vokabeln abfragen. Englisch ist eine Weltsprache, Englisch mußt du können, sage ich. Er würde lieber Spanisch lernen, damit er versteht, was sich die Spanier unten im Laden erzählen, denn die lachen so viel. Es scheint, er kommt heute nicht. Macht nichts, denn ich warte gar nicht auf ihn. Ich habe keinen Hunger heute, nur ein Gelüst: Seit Jahren würde ich zum ersten Mal gerne wieder einen Kaffee trinken. Den Geruch von Kaffee in Büros, bei Geburtstagen, bei Leichenbegängnissen habe ich nie geliebt. Aber heute würde ich gerne einen Kaffee trinken, ohne

Anlaß. Die Dame, die so gerne gesungen hat, hat einmal bei mir geklopft, hat sich für ihren Gesang im Treppenhaus entschuldigt. Habe ich Sie belästigt? Ich habe gehört, wie Sie Ihre Türe geschlossen haben. Möchten Sie gerne auf einen Kaffee zu mir herunterkommen? Man ist doch sehr allein, aber aufdringlich möchte ich nicht sein, entschuldigen Sie. Macht nichts, habe ich gesagt, keine Ursache. Leider trinke ich keinen Kaffee. Und daß du mir ja die nette Dame freundlich grüßt, die immer singt, habe ich dem Jungen eingeschärft. Mach' ich sowieso, sie singt immer so schön, hat er geantwortet. Fast so schön wie in der italienischen Oper. Così fan tutte. Und überhaupt gefällt ihm das Italienische und das Spanische viel besser als das Englische, und zu gerne hätte er verstanden, was die Frau singt. Und nach ihrem Tod hat er gesagt, die hat ein Leben lang gesungen, und kein Mensch hat es verstanden. Aus einem italienischen Ort hat er mir eine Flasche Wein mit langem gedrehten Hals mitgebracht. Jetzt ist es an der Zeit, die Flasche zu öffnen. Zwei Gläser mute ich mir zu, einem, der immer nur Tee trinkt. Es müssen verspielte Menschen sein, die Italiener.

Würden sie sonst ihre Flaschenhälse so mühsam verdrehen? Die Lastkraftwagen mit der Aufschrift DELLER MILCH sehen heute so aus, als wären sie frisch poliert worden. Die Tanks mit den drei großen Luken schicken mir für einen kurzen Moment einen Sonnenstrahl nach oben. Im Spiegel sehe ich, wie bleich ich bin. Und unrasiert. Ich rasiere mich. Ich nehme die blauen Tabletten aus einer unangebrochenen Packung, werfe sie in ein Wasserglas. Der Schaum, die Bläschen reinigen meine Zähne, und ich breche auch die Flasche mit dem Rasierwasser an. Ich dufte. Ich suche meine schönen Schuhe, den Stock hole ich. Ich nehme den weißen italienischen Hut und den hellen Anzug aus dem Schrank. Kleide dich hell, dann bist du nicht so bleich wie ein Gespenst. Der Stock aus braunem Ebenholz. Wie Elfenbein die Zähne, jetzt sind sie dort, wo sie hingehören. Sie schmecken jetzt wie etwas zum Essen, ein Dessert.

Und niemand geht auf dem Gehweg. Niemand der sagt, schau, ein eleganter, älterer Herr. Niemand, der sagt, schau, wie bleich der ältere Herr ist. Das Lexikon klappe ich zu. Die Fenster lasse ich weit auf.

Wie sauber das Treppenhaus ist. Laut knarrt es auf dem dritten Absatz, auf der sechsten Stufe. Wenig Staub liegt unter der Matte. Gott sei Dank gibt es in dieser Stadt keine Kehrwoche, dafür Treppengeld. Hell kommt mir die Sonne entgegen. Schwer geht die Tür auf. Ich trete noch einmal zurück ins Haus, die Augen schmerzen etwas. Wie es hallt hier. Die Zauberflöte. Dies Bildnis ist bezaubernd schön. Ich singe nur ganz leise. Ganz leise. Den Text weiß ich nicht so genau. Im Licht geht es sich auch ganz gut. Wie schön der Stock glänzt. Und außer Atem bin ich schnell. Das Taschentuch ist aus Seide, aus dem hintersten Winkel im Schrank. Schön ist es, kühl fühlt es sich auf meiner Stirn an. Muffelig riecht es. Und obgleich heute alles nah aussieht, ist es doch recht weit. Und ich schnuppere und rieche immer noch keinen Kaffee. An welchen Tisch ich mich wohl setze. Auf alle Fälle an die Sonne. Hinter den dunklen Brillengläsern schaut mich der Gemüsehändler an. Ich grüße. Und er nickt, lächelt traurig. Ich setze mich an den mittleren Tisch, genau in die Mitte. Sie schaut mich von drinnen an. Lange schaut sie, ich spüre es deutlich in meinem Rücken. Ich drehe mich um, gleich schaut sie weg. Sollte ich ärgerlich werden, weil sie mich nicht bedient? Nein, vielleicht energisch. Ich klopfe, die energische Geste eines älteren Herrn, zweimal mit dem Stock an die Scheibe. Jetzt muß sie herauskommen. Wollen Sie sich nicht reinsetzen? Warum, Fräulein, ich möchte an der Sonne sitzen, an einem so schönen Tag. Ich denke an Italien, dort muß es immer so schön sein. Schnell fahren sie hier. Die Stirn des Mädchens ist gewölbt. Kinderstirn. Kinderaugen hat sie auch. Fürchten Sie sich etwa vor mir, Fräulein? Sie schauen so ängstlich, werde ich sagen, wenn sie den Kaffee bringt. Fürchten sollte man sich nur im äußersten Notfall. Der Junge wird wohl morgen auch nicht kommen. Vielleicht ist er schon in Italien. Es gab einen Schlager. Wenn bei Capri. Aber ich singe meine eigene Musik. Allein bin ich im Café, allein bin ich auf der Straße. An einem so schönen Tag. Und die Fenster, alle Fenster, stehen weit auf. Die Tauben werden hereinfliegen, nicht mehr herausfinden. Sie werden sich bei mir einnisten, ein Taubenpaar. Sie setzen sich immer irgendwo oben hin, auf die Türen vielleicht. Vielleicht auf die Vorhangstange

in der Küche. Sie werden nisten auf den Dosen
mit dem Corned beef, sie werden ein Nest
bauen aus Haaren und Fusseln, aus geballtem Staub.
Bald sich paaren, bald ihre Eier legen, brüten, warten, gurren. Das hätte ich nicht gedacht, daß einmal
die Tauben in unseren Häusern wohnen werden.

Im Kolk

(Gleichförmigkeit des Herzschlags)

Es pocht der Tisch in Erwartung der Tasse, und unter dem Tisch der nicht gefegte Asphalt pocht, und unter meinem Gesäß der Stuhl, und in dem Moment, in dem ich mich erhebe, kommt es wieder, über dem Leder der Sohlen das Pochen und Vibrieren, an den Fußenden wie an den Finger- wie in die Haarspitzen. Frische junge Frau Mitte Zwanzig, da kommst du und bittest mich ins Innere dieses öffentlichen Raumes, mich allein mit dir, ich, der Kunde. Du, die für mich sorgen muß.

Hörte es doch auf, das Pochen im Sekundentakt, die eintausendvierhundertvierzig Minuten dieses Tages! Wie kein anderer war dieser Tag, aber worin er sich von einem beliebigen anderen unterschieden hätte – ich wollte es wissen, ich denke, ich bemühe den summenden Kopf mit zufriedener Geste der Vergeblichkeit. Gebe es auf. Und beginne wieder.

Zufriedenheit auch zu Hause, nachmittags, nur das Summen meiner Maschine hatte ich vermißt. Ich wollte nicht mehr ausgehen. Ich war überzeugt, daß mich an diesem Abend nichts aus einer angenehmen leeren Kälte würde reißen können, aus meiner mir so vertrauten schläfrigen Sicherheit. Verließ aber doch meine Wohnung. Keine Ungeduld trieb mich, keine Lust auf ein Erlebnis oder einen Vorfall oder ein Ereignis an einem für mich ereignislosen Tag. Die Stimmen auf meinem Anrufbeantworter konnten hauchen und sich dehnen und kurz und ruppig klingen, gurren konnten sie und betteln allemal. Keine Stimmen wollte ich, deren Körper, Geruch, Temperatur, samtige Feuchtigkeit ich nicht schon kannte. Ich wollte nichts. Und ich wollte nichts haben, bekommen, gewinnen, erreichen, ergattern. Wenn ich mir etwas gestatten wollte, eine winzige Schwäche, dann wollte ich aus der Entfernung etwas erspähen, mit einem schnellen Blick, kaum wahrnehmbar, erledigen – um allem mit nichts Genüge zu tun. Dies Erlegte müßte keine Frau sein oder auch kein Mann sein. Dies könnte ein Ding sein, ein belebtes oder unbelebtes Ding wie eine Vase mit einem (vor

Schönheit) zitternden Strauß, läufige Hündin, räudige Katze, Vogel in der Mauser. Oder Maschine, die kaum wahrnehmbar summt, und plötzlich, wenn in ihrem Inneren etwas versagt, herrscht eine schmerzhafte Stille. Ein Vakuum der Töne für kurze Zeit, bis es in die ihm eigene Leere die es umschwirrenden Töne hineinsaugt. Dies war es, warum ich meine Wohnung verlassen hatte; diesen Bruchteil einer Stille als Schmerz zu erleben, oder das verwirrende Dunkel nach einer plötzlichen Blendung und dann das Hinübergleiten in das gewohnte Licht. Das sekundenlange Aufwachen aus einem Traum, um wieder einzuschlafen und dort weiterzuträumen, wo man aufgeschreckt war, ein Stolpern in der Gleichförmigkeit des Herzschlages in eben der sicheren Gleichförmigkeit münden zu lassen, oder den Moment eines entfernten Kusses in einem Blick verstreichen zu lassen im gewohnten körperlosen Alleinsein.

Und da der Himmel sich bedeckt hielt und die Stadt keinen Wind aufkommen ließ außer dem des mal vorbeizischenden, mal stockenden Verkehrsstromes, versprach die Nacht nicht hereinzubrechen, sondern sich behutsam einzustellen, hineinzustehlen in den ohnehin so lichtarmen Tag. Ich habe ein Gerät einbauen lassen, das die Außenlichtstärke nachzuahmen imstand ist.

Wie leicht läßt es sich aus den Fenstern luren, wenn es drinnen nicht heller ist als draußen. Wie wenig entsteht ein Drang, drinnen zu bleiben, weil es draußen zu hell ist, oder hinauszugehen, weil es drinnen zu dunkel ist. Hätte es, eine kleine Lieblingsphantasie, zu Zeiten der ersten frühzeitlichen Höhlenbewohner schon eine solche Maschine gegeben, so wäre der ganze Unfug der menschlichen Zivilisation nicht entstanden. Nachdem sich die frühzeitlichen Menschen einmal zu ihrem Schutz in eine solche Höhle begeben hätten, so hätte außer dem Hunger keine Notwendigkeit bestanden, sie wieder zu verlassen. Vielleicht hätten sie zum Zeitvertreib eine hübsche Höhlenzeichnung angefertigt, ein wenig gesungen und sich schließlich aus Hunger gegenseitig totgeschlagen und schlußendlich gefressen. Das wäre es gewesen, so hätte die Schöpfungsgeschichte noch einmal die Kurve gekriegt. Alles, was übriggeblieben wäre von der Spezies Mensch: ein paar Knochen und eine hübsche Höhlenzeichnung und irgendwo, unterwegs durch die Gesteinsmassen, durch die Gashülle der Erde ins All, ihr Lied. Nun, eine solche Maschine hat es eben nicht gegeben, und so muß die Schöpfung mit der desaströsen Suppe zurechtkommen, die sie selbst angerührt hat.

Im Treppenhaus geschlossene Augen. Blindtasten hinter einer dunklen Brille. Lauschen auf den Gesang der alten Dame, der schon lange nicht mehr zu hören war. Grüße erwidere ich und manchmal rufe ich auch einen Gruß aus, wenn die knarrende Stufe einen Entgegenkommenden oder mich eilig Überholenden ankündigt. Dieses Verfahren zur Vermeidung des allerersten Gegensatzes hat den Vorteil, daß es mir wurst ist, ob das Licht im Treppenhaus defekt ist oder nicht. So beklage ich mich nie, fordere nie Reparaturen oder Veränderungen, so gelte ich als guter ruhiger Mieter, der ich ja auch bin. Gut gekleidet, von einem heimlichen Panzer aus seidigen Stoffen umhüllt, denen man kaum ansieht, was sie sind. Alles fließt an mir hinunter oder perlt von mir ab ins duftige Umfeld. Auch der Duft, der mich umgibt, ist Teil des Cordon Sanitaire, ein wohlriechender Sicherheitsgürtel, Duftminen, kostspieliges Zeug, aber hilfreich. Gerne würde ich mich mit Rainfarn abreiben, aber wo sollte ich Rainfarn pflücken können, ganzjährig, für den täglichen Bedarf? Wer riebe meinen Rücken ab? Was für ausgedehnte Rainfarnfahrten, ja Expeditionen wären notwendig. Insofern schienen zwar die Rainfarnabreibungen einfacher. Aber in der Tat sind die kostspieligen Edeldüfte aus den eleganten Fläschchen preiswerter. Auch wenn ich nicht als solcher gelte: Im Grunde bin ich – alles in allem – ein sparsamer Mensch.

Großzügig und großmütig, nachsichtig und geduldig mit mir selbst und sparsam im Umgang mit den anderen. Warum sollte ausgerechnet ich einer der rudimentären Bemitleidenswerten sein, die sich selbst in ihrer Weitherzigkeit verlieren, einsam wie ein Quastenflosser und überflüssig wie ihr eigener Blinddarm; nur entzündlichen Ärger stiften, der die Vergiftung des Gesamtorganismus zur Folge hat.

Mehrfach schon versuchte ich mich zu erinnern, wann die alte Dame zum letzten Mal gesungen hatte und warum sie es wohl nicht mehr tut. Ich wußte nicht, ob es mir lieb war, daß nun nichts mehr von ihr zu hören war. Gesehen habe ich sie ohnehin nie, doch stellte ich mir immer vor, daß eine solche alte Dame gewiß nach Maiglöckchenparfum riechen müsse. Allerdings roch es im Bereich ihrer Türe nach ätherischen Ölen, nach Menthol oder ähnlichem. Obwohl mir ihr Gesang nicht unangenehm war, versetzte er mich doch immer wieder in eine eigentümliche Verwirrung, und als ich gelernt hatte, mit dieser Verwirrung umzugehen, sie zu erwarten, schließlich beinahe zu erhoffen, blieb sie aus. Eine neue, bei weitem nicht so genußvolle Verwirrung entstand, und ich fürchte, daß, wenn ich mich mit ihr eingerichtet habe, die alte Dame perfiderweise wieder ihren Gesang aufnehmen wird. Ihr Gesang hatte ganz und gar nichts Tröstliches. Tröstlich war nicht, daß dort jemand wohnt, der zu singen versteht und gerne singt und damit seine Lebensfreude, seine Trauer, Einsamkeit oder auch nur die Tatsache seines blanken Daseins besingt. Wer zu singen versteht, der hat gewiß Mühe darauf verwendet und muß traurig sein, wenn er keine Zuhörer hat. Wenn jemand aus Lebensfreude singt, heißt das, er tut es nicht um des Gesanges willen, sondern um seiner selbst willen, und das würde den Gesang herabwürdigen. Wenn jemand aus Trauer singt, wäre dies wie ein auf sich selbst gerichteter Zeigefinger: Seht her, ich trauere, und dies wäre eitel. Wenn jemand aus Einsamkeit singt, täte er besser daran, dies nicht hinter verschlossenen Türen zu tun, sondern sie im Gegenteil weit zu öffnen, um nicht mehr einsam zu sein. Wenn jemand sein blankes Dasein besingt, wäre er ein armer Tropf, denn was ist schon ein blankes Dasein unter Geräuschentwicklung, das ja schon ein durchschnittlicher Teekessel für sich in Anspruch nehmen könnte. Nun, auf alle Fälle kam ich bei diesen Überlegungen zu dem Schluß, daß für mich selbst kein Singen in Betracht kommt. Auch kein Summen, das bleibt meinetwegen den Maschinen vorbehalten. Auch ein Pfeifen kommt für mich nicht in Frage, denn bei dem einen oder anderen Versuch zu pfeifen taten mir die Ohren sowie meine überempfindlichen Zähne weh. Ich begnüge mich damit, möglichst ruhig ein- und auszuatmen, die Welt mit möglichst wenigen Geräuschabsonderungen zu behelligen und meinen Herzschlag unaufgeregt und regelmäßig zu halten. Und ich kann schweigen. Und ich kann aufhören zu denken.

So:

Was mein Geist in diesen Leerräumen wohl tut? Keine Ahnung, seine Sache. Ich gebe zu, daß ich mir mitunter Gedanken darüber mache, wie das Ausschalten des Geistes und dann, vor allen Dingen, das Wiedereinschalten des Geistes wohl vor sich gehen könnte, und was geschehen würde, wenn der Mechanismus oder Vorgang oder Automatismus einmal nicht funktionierte. Und ob es mir mitunter unterläuft, daß der Geist eine Selbstausschaltung vornimmt, und ganz besonders, ob eine oder mehrere solcher Selbstabschaltungen am gestrigen Abend, in der gestrigen Nacht, am heutigen Morgen vonstatten gegangen waren. Und dies etwa unter Alkoholeinfluß oder unter dem Einfluß anderer Sinnesreize. Und falls meine Person zu einer von meiner jetzigen Warte aus gesehen mir nicht eignen Verhaltensweise gelangt wäre, hätte sie einen unerwünschten verändernden Einfluß auf mich?

Ich hatte also das Haus verlassen, die schwere Tür war hinter mir ins Schloß geglitten. Das dabei entstehende leise Klicken ist ein Signal für mich, die dunkle Brille abzunehmen und einmal tief die Straßenluft einzusaugen, eine Prüfung, ob mein

Duftpanzer stark genug ist, ob da nicht eine Achillessehne oder ein Siegfriedsblatt oder beides droht, mir eine gefährliche Blöße zu geben. Die Welt wartet darauf, sage ich mir immer. Schlimmer wäre aber noch zu bemerken, daß der Welt meine Blößen durch und durch gleichgültig sind, daß der sorgsam gepflegte Panzer angreifbar und durchlässig ist, und sämtliche möglichen und drohenden Angreifer gingen achtlos darüber hinweg. Donnerkeil, was wäre der Heilige Sebastian ohne die Pfeile in seinem Leib, ein komischer Heiliger. So schützt mich mein perfekter Panzer vor den tatsächlichen Gefahren wie vor denen, die überhaupt nicht daran denken, mir zu drohen. Die Nachtluft ist durchsetzt mit den heimeligen Dünsten der Stadt, dem Staub, der sich nur wenig über den asphaltierten Erdboden zu erheben imstande ist, er ist zu schwer, und schwachen Auftrieb erfährt er durch den erwärmten Grund der Stadt und die vorbeizischenden Fahrzeuge. Dieser Staub mag ein Grund dafür sein, daß hier kein fliegendes Insekt mehr zu leben imstande ist, da es den Widerstand der für uns Menschen winzigen Teilchen, für einen Mückenflügel aber gewaltigen

Brocken nicht mehr überwinden kann. Sobald es aber keine Menschen mehr geben wird, die diesen urbanen Staub an ihre Städte binden können, werden die menschenleeren Straßen von den Insekten in Besitz genommen werden. Das Kleine und das Allerkleinste wird wohl übrigbleiben, während das Große sich als bloßes Behältnis, als Vehikel für das Winzige entpuppt. Die Larven der Milbe Adactylidium ernähren sich vom Körper ihrer Mutter, wachsen heran und paaren sich noch im Mutterleib. Nach dem Akt der Fortpflanzung fressen sie sich Türen in den Mutterleib und zerstreuen sich in der Welt, wobei die Männchen auf der Stelle sterben. Diese Milbe stellt ein Traummodell des radikalen Feminismus dar, obwohl ich daran zweifle, ob selbst der radikalste Blaustrumpf von seiner Nachkommenschaft bei lebendigem Leib gefressen werden will, um schließlich nur weiblichen Nachkommen das Leben zu schenken. Und ist es nicht gar reizvoller für die männliche Milbe, die Schönheit der Welt zu erblicken und auf der Stelle zu sterben, an der Herrlichkeit zu ersticken, im Anblick der Pracht zu vergehen?

Könnte ich mich in den Körper einer Milbe hineindenken für eine Sekunde, könnte ich mich aus ihr hinausdenken, bevor sie verstirbt? Ich fürchte mich, mich hineinzudenken in den Körper der männlichen Milbe, vielleicht gelänge mir das Hinausdenken nicht rechtzeitig, so denke ich mich in den weiblichen Körper hinein, und das Hineindenken fällt mir leicht. Oftmals habe ich einen kaum zu unterdrückenden Wunsch und Antrieb, mich aus meinem so großen schweren Körper zu lösen, doch es geht nicht, ich muß mich verkrallen in meinem Körper, ich muß da drinnen bleiben, es ist übermenschlich schwer, mich in meinem ungleich größeren Körper festzuhalten, diesem mal lästigen, mal hilfreichen Ding; Tempel, Fabrik und Müllhalde.

Die Vögel durchstreifen mühsam die Luft auf der Suche nach Wohnung und Nahrung, ich besitze beides, warum bleibe ich nicht in meinem Haus und wohne und esse? Der Gang durch die abendliche Stadt führt durch hellere und dunklere Bezirke, durch lautere und leisere Regionen, nie aber durch die Stille, die vermutlich tödlich wäre wie ein lähmendes Nervengift. Allgegenwärtig ist eine stetige Vibration, das bekannte Summen, das vielleicht schon der Antrieb ist des Denkens, des Blutkreislaufes, des Dranges, mich von der Stelle zu bewegen auf eine andere Stelle, von dieser wieder auf eine andere Stelle, und je weniger erfahrbar der Grund ist, desto schneller und lustvoller betrete ich den Nachbargrund. Und je vertrauter mir der Grund ist, desto lustvoller und schneller betrete ich den Nachbargrund.

Bisweilen trete ich auf kleine Anhäufungen von Geäst, dort, wo kein Baum steht. Verwirrte Vögel müssen diese Ästchen von weitem in ihren Schnäbeln herbeigeschleppt haben, die Stadtvögel fliegen unsicher, da sie schwerer werden vom Staub im Gefieder, von eigenartigen Gegenständen, Zigarettenpapier, Autoschlüssel, benutzte Präservative, die sie zum Nestbau verwenden wollen, bis sie erschöpft die Last fallen lassen müssen. Das Knacken der Äste, das früheren Waldbewohnern das Herannahen eines vielleicht feindlichen, vielleicht gefährlichen Wesens ankündigte, läßt mich noch immer die Nasenflügel weiten, das erste Anzeichen eines Fluchtinstinktes, doch ich rieche nichts als mich selbst, meine wohlriechenden Schutzvorkehrungen. Die Öffnungen der Nase zeigen nach unten, auf die Erde, ich blicke in die Ritzen des Asphalts, ich als Milbe Adactylidium, auf der Suche nach dem Ei eines Insekts, stürze mich in die Schlucht, die der Frost mit den Jahren in den Asphalt hineinerodiert, ich stürze zwischen Grashalme, deren Wurzelwerk die Schlucht ausweitet, Regen fällt und vergrößert sie nochmals, wäscht sie aus zum Kolk, in dem das Wasser in mahlende Bewegung gerät, Strudelloch, Höhlung, Schlucht, Tobel, dazwischen zwei Stück, Kopf oder Schwanz, nicht genau bestimmbar, Würmer, die, bevor eine Identifikation möglich wäre, ins Erdreich zurückzucken vor dem unerwarteten Licht.

Und unten müßte noch etwas anderes sein, möglicherweise der Motor des Ganzen, oder einfach nur die Untergrundbahn in ihrem Zeittakt. Früher soll es einmal Maulwürfe gegeben haben, die sich zwischen dem Wurzelwerk ihre Gänge gegraben haben, nun aber, seit die Stadt ihre stählernen Wurzeln in die Erde getrieben hat, wurde den Maulwürfen die Arbeit zu schwer, da das stählerne Wurzelwerk für sie undurchdringlich geworden ist. Sie wanderten überirdisch ab. Und ich als Milbe Adactylidium auf der dringenden Suche nach dem Ei eines drei bis vier Millimeter großen Wirtsinsekts, auf der Suche nach einem Haus und sicherer Nahrung, ich werde das Insekt, den Blasenfüßler oder Fransenflügler erkennen an seinen ringsum gefransten Flügeln und an seinen Füßen mit den Haftbläschen und seinen verkümmerten Klauen, er wird haften an einer freistehenden Wurzel und, so hoffe ich als Milbe Adactylidium, fruchtbar gewesen sein und sich haben mehren wollen und ein oder mehrere Eier ablegen an eben dieser Wurzel, das Ei, das mein Haus und meine Nahrung werden soll, damit ich das Haus, die Nahrung meiner Nachkommen werden kann.

So ist es mein Traum als Milbe, die Silhouette dieses fransenflüglerischen Käfers im Halbdunkel eines Spaltes auszumachen und meine acht Beinchen in flirrende Bewegung zu versetzen, den Käfer zu verfolgen und mich fallen zu lassen auf die Haftbläschen an seinen Beinchen, mit deren Hilfe er sich ins Erdreich geklebt hat. Dies ist der Traum der Milbe, wie es der Traum des Bakteriums und des Virus ist, sich zu vervielfältigen in einer Weise, daß der Nachkomme sich nur insoweit vom Mutterorganismus unterscheidet, daß dies wiederum dem Überleben der Art zuträglich sei. Die Erfüllung dieses Traumes vermittelt mir kein Glücksgefühl und keinen Triumph, allein eine Veränderung im Traumapparat, die nun darauf hinwirkt, daß ich mir nichts mehr wünsche, als von meiner Brut gefressen zu werden.

Jetzt, da ich meinen Wirt und mein Fahrzeug gefunden habe, klebe ich an dessen Haftbläschen und harre meiner Bestimmung. Aber anstatt nach oben zu kriechen ins Licht der Straßenlaternen, die inzwischen aufgeglommen waren, ins Offene, kroch der Käfer tiefer und tiefer nach unten, angelockt von dem milden, kalten blauschimmernden Licht aus der Tiefe kriecht er nach unten. Warum will er dort unten sein Ei ablegen, warum kriecht er nicht nach oben, ins Offene?

Wenn ich tief und tiefer schaue, schimmert im Finsteren der Tiefe schon wieder etwas Helles. Da es auf dieser Seite der Welt Nacht wird, müßte es auf der anderen Seite Tag werden. So könnte sich der Riß im Asphalt entpuppen als Erdspalt, der durch und durch geht, als Durchblick auf das Gegenüberliegende, als Sollbruchstelle oder Kanal für Kabel und allerlei Leitungen und Verbindungen. Aber das Helle hinter dem Dunklen könnte auch das bläulich schimmernde Neonlicht sein, das durch einen Riß in der Decke des U-Bahnschachtes zuckend aufleuchtet, oder es könnte ein schwacher Abglanz vom Schein des glühenden Erdkernes sein, der Spalt eine Ader, aus der pulsierende Magma schießen wird, wenn sie den Weg dort hinein gefunden haben wird. Sie wird den sandigen, quarzigen Boden zum Schmelzen bringen, an die Oberfläche drängen, ihre Hitze abgeben, indem sie die Luft aufheizen wird und zum Flirren bringen, der geschmolzene, aus seinen Kanälen geschleuderte Quarzsand überzieht als glühender Regen die Stadt, die Busse, die Straßenbahn, die Autos wie die Fußgänger samt ihren zahlreichen Stadthunden samt deren zahlreichen Hundstrümmern und die Vögel im Flug. Der Quarzregen erkaltet und wird zu Glas, was sich bewegt hat, wird stillstehen, die Stadt aus Stein, Stahl und Beton wird im Morgenlicht schimmern, die Fahrzeuge und die Hunde und die Menschen glänzen, kristallene Bewohner der kristallenen Stadt. Nur die Vögel, im Flug erstarrt, werden hinunterstürzen und zu Scherben zerspringen, in denen sich die Stadt spiegeln und wieder spiegeln wird. Warum also kriecht der Käfer nach unten, der glühenden Tiefe entgegen?

Über uns hatte es sich verdüstert, von oben drang kaum mehr Licht in den Spalt, ein abendlicher Vogel hatte seine Schwingen darüber gebreitet. So kroch der Käfer zu dem trügerischen Irrlicht im Inneren. Doch schon fuhr der spitze und scharfe Vogelschnabel in den Spalt, packte den Käfer, riß ihn durch das Gestrüpp der Graswurzeln, wobei ich um ein Haar von meinem Wirt abgestreift worden und hilflos ins Innere gestürzt wäre. Der Vogel rückte sich den Käfer im Maul zurecht, spannte die beiden bekrallten Füße zum Sprung und mühselig erhob er sich nach einigem Anlauf in die Luft. Es war Abend, vielleicht war er an diesem Tag viel geflogen, vielleicht war dies der letzte Flug des Tages und er war erschöpft und würde, bevor er uns seiner Brut verfüttern könnte, einschlafen, und der Käfer samt mir an seinem Bein entkäme. Dem Käfer tat der Biß des Vogels nichts, sein Panzer schützte ihn, er zappelte hilflos, aber kräftig mit seinen Beinen, ein gefranster Flügel war lädiert, doch der andere hatte keinen Schaden genommen. Der Herzschlag des Vogels, der zunächst ins Rasen geraten war wegen der Anstrengung des sich Emporschwingens, der zu surren begonnen hatte wie eines der alten Uhrwerke, geriet ins Stolpern und Stocken, der Flug wurde schwankend, ein wenig ließ sich der Vogel fallen, das Herz geriet nun wieder in Gleichtakt und schlug langsamer, so daß ich beinahe die einzelnen Schläge unterscheiden konnte. Auch dieser Vogel war einer jener Vögel, die mit den Jahren schwer geworden sind von den Verkrustungen des Staubes in ihrem Gefieder. Aus dem Erdspalt, der Schlucht, dem Riß im Asphalt, aus dem uns der Vogel gerissen hatte, glomm es noch immer schwach, glomm schwächer, verglomm, das schwache Licht wurde geschluckt vom starken Licht der Straßenlaterne, ein Fahrzeug rollte durch die Straße. Nun war nichts mehr zu sehen als eine Straßenschlucht, an ihren Wänden beleuchtet von erhellten Fensterscheiben. Der Vogel flog, um an Höhe zu gewinnen, vom Grund der Schlucht ihrem Verlauf folgend, langsam sich höherarbeitend unter langsameren, seltsam keuchend und klappernd klingenden Herzschlägen und heftigem Hin- und Herrücken seines Vogelschädels, um etwaige Hindernisse frühzeitig zu erkennen. Ich hoffte auf ein solches Hindernis, auf einen Aufprall, so daß ich samt Käfer freikommen konnte und der Käfer seine gefransten Flügel im Fallen würde entfalten können noch kurz vor dem Aufprall. Und selbst wenn ihm das nicht gelänge, so wäre ich doch so leicht, daß mir ein Aufprall nichts anhaben würde, oder der Aufprall würde vom gepanzerten Körper des Käfers gedämpft. Mochte der Käfer doch in die Segmente seiner Panzerungen zerspringen, die Hauptsache, ich fände erneut einen Spalt, erneut ein Wurzelwerk, erneut ein Wirtsvehikel. Doch wenn dieser Flug auch unsicher war und durchgeschüttelt von den Turbulenzen im Organismus des Vogels, so waren wir doch noch weit entfernt von einem wirklichen Absturz. Immer dann, wenn der Vogel besonders schwach wurde, steuerte er in die Nähe eines möglichen Landeplatzes, schöpfte frischen Mut, daraus neue Kraft und flog weiter.

Schon aus dieser geringen Höhe konnte ich die verschiedenen Schichtungen aus unterschiedlich schwerem Staub erkennen, das Prisma verschieden dichter Gase, in dem sich das Licht auf mannigfaltige Weise brach und feinste, delikateste Farbtöne erzeugte, ein Farbenspiel, das aus der unterschiedlichen Dichte des Drecks entsprang. Fast hätte ich diese Erscheinung »schön« nenen wollen, doch mir war nun nicht danach, ästhetische Überlegungen anzustellen, wo es um das nackte Überleben ging.

Würde es dem Vogel gelingen, seinen unsteten Kreislauf, das unsichere Klappern seines Herzschlages im Zaum zu halten, so würde er den Körper des Käfers zerreißen, zuerst die Flügel, damit er nicht mehr zu flüchten imstande wäre, dann die Beinchen, dann den segmentierten, gepanzerten Leib, die Zangen und Fühler. Dann, wenn der Käfer gleich einem tranchierten Hummer vor ihm läge, würde er die Teile in die aufgerissenen, roten zungenzuckenden Schlünde seiner Brut stopfen, würde er, wohl ohne mich besonderen Leckerbissen auch nur wahrzunehmen, ein kleines Stück für sich selbst behalten, es eilig verschlingen, um dann sofort die Augenlider von unten nach oben zu schließen und auf einem Bein stehend einschlafen und selbst zum Träumen zu erschöpft sein. Immer, wenn wir uns den zahlreichen Kaminen oder den Schloten näherten, schlug uns ein warmer Dunsthauch entgegen, ein Gemenge verschiedenster Abgase und Düfte, Gestank und ätzendem Qualm. Der Vogel versuchte, diesen Miasmen auszuweichen, wo er konnte. Doch dies erforderte so viele Umwege, so häufiges Wechseln der Höhe und der Geschwindigkeit des Fluges, daß er darin nachlässiger wurde, wohl aus Erschöpfung. Der Herzschlag verlangsamte sich erneut, klang nun beinahe metallisch, holpernd, stolpernd, die Triebfeder des Uhrwerkes oder die Batterie oder was auch immer es antrieb, schien zu erlahmen. Wir verloren an Höhe, und, um sein Ziel mit seiner Beute zu erreichen, beschloß der Vogel nun, die gerade Linie zu fliegen und die aufsteigenden Dünste in Kauf zu nehmen, und sollte es ihm auch das Gefieder verätzen, versengen oder verkleben. Nachdem er um ein Haar, um eine Feder, eine besonders hohe Antennenanlage gestreift hatte, überflog er einen Schornstein, aus dem ein Gewölk aus Menschendüften drang. Schweiß, Parfum, Fett, Talg, Geruch nach Balz und Paarung, Alkohol verschiedenster Art, Kaffee und verbranntem Fleisch. Diese gewissermaßen auflodernde Wolke aus Abgasen des Fleisches gab ihm zwar überraschenden Auftrieb, ja, wir wurden geradezu emporgerissen, aber sie ließ den Herzschlag des Vogels für zwei Flügelschläge zum Stillstand kommen, es mangelte ihm nun wohl an Sauerstoff, weit sperrte er seinen Schnabel auf und ließ die leise zappelnde Beute fallen, und ich, klebend am Bein des Fransenflüglers, wähnte mich fürs erste gerettet. Der Vogel taumelte in spiraligen Kreisen davon, tief und tiefer sinkend, während der Käfer seine zerknitterten Flügel zu entfalten versuchte. Stürze ab, räudige Bestie! dachte ich, während wir dank des warmen scharfen Stroms von unten gemessen schwebten; ja, ich bildete mir ein, wir standen, gleich einem Mauersegler im günstigen Aufwind, auf der Stelle. So hatte der Käfer genügend Zeit, sich zu mühen, es gelang ihm, den linken Flügel in Betrieb zu nehmen, doch der rechte war zu zerknittert. Wir trudelten also, wie ich es bei dem Vogel noch eben hämisch beobachtet hatte, ebenfalls ab, nur eben langsamer, auf den scharfen, heißen, fettigen, hundertfach duftenden Winden aus dem Schornstein reitend, in deren Mitte so etwas wie ein Vakuum, ähnlich wie beim Taifun das Auge, herrschte, in das wir unweigerlich hineingezogen wurden, um nun in sanften Spiralen in das schwarze Maul des Schornsteins zu gleiten. Nun: Gute Nacht! mußte ich denken, denn unten, so war ich sicher, wartete etwas wie ein Purgatorium ohne Aussicht auf Entkommen auf uns. Der Abend war wohl endgültig verratzt. Wäre ich doch nur in meiner Wohnung geblieben. Sehen konnte ich in der schwarzen Röhre nichts, doch ich nehme an, die Wände waren mit Plastik oder einem ähnlich glatten Material ausgekleidet, das fühlte ich im Herabschweben und Stürzen, auf alle Fälle war es kein kantiges Mauerwerk, wie ich das erwartet hätte. Mir schwanden wohl in diesen dichtesten Miasmen im Inneren der Röhre die Sinne, geweckt wurde ich durch den Aufprall auf einer Art Rost, ich hörte Stimmen. In diesem Zustand der halben Ohnmacht erinnerte ich mich an ein Geschrei aus dem Feuerofen. Ob diese Erinnerung einem archaischen Gedächtnis entsprang oder einer einmal gehörten Musik, weiß ich nicht mehr.

(Beschreibung der Stimmen, Gemurmel, Geschrei, Wehklagen)

Der Käfer konnte die Hitze wohl noch schwerer aushalten als ich, er durchlitt zappelnd seinen Todeskampf, die Flüssigkeit der Haftbläschen verlor ihre Kraft, ich fiel vom Käferbein ab, prallte auf den fettigen Rost, zappelte ebenfalls, wie ich dachte ein letztes Mal. Das war wohl meine Rettung, denn ich glitt durch den feinmaschigen Rost und stürzte, ich weiß nicht, wie tief, wie lang.

Ich fand mich hinter einem Tresen stehend, das Ohr an die warme, metallische Fläche einer Kaffeemaschine gepresst, in deren Inneren es fortwährend brodelte. Dieses Brodeln war mir schon sehr vertraut, wie auch der Satz des Barmannes: Wie kommen Sie denn schon wieder hierher? nur zum Scherz erstaunt klang. Auch die gelangweilten Gesichter auf der anderen Seite des Tresens waren mir auf eine unangenehme Art vertraut, nichts Neues, nichts Vielversprechendes und nichts Aufregendes war in ihnen zu lesen, so heftig sie auch diese oder jene Regung zu mimen versuchten. Tatsächlich bin ich ein vertrauter Gast in dieser Bar, doch willentlich war ich so gut wie nie hergekommen, immer waren es eigenartige Fügungen gewesen, die mich hierhergeführt hatten. Einmal kam ich als Floh, verbissen in die Haut eines kleinen Hundes, eines Pudels oder Pinschers, der, unbemerkt von seinem Herrn, hinter ihm aus der Haustüre geschlüpft war. Das Herrchen bestieg ein wartendes Taxi, der Hund verfolgte es, gemächlich fast, als hätte er gewußt, wohin es gehen würde. Mehrmals hielt er an, setzte Duftmarken und rieb sich an verwitterten Hausecken, wo er sich schließlich mich einfing. Er hatte süßes Blut. Und schon fand ich mich in diesem Lokal. Und schon fiel ich prall aus dem Nackenfell, als nämlich der Herr seinem Hund einen ärgerlichen, doch trotzdem fast zärtlichen Klaps mit der Abendzeitung versetzte. In meiner trägen Sattheit war ich nicht auf der Hut und zappelte also auf dem gefliesten Boden.

Ein andermal war ich gekommen als Schimmelpilzspore an einem Weißbrot, das ein sorgloser Bäcker ohne jegliche Verpackung in seinem Lieferwagen transportierte, hier in der kleinen Küche der Bar ablieferte, wo es alsbald mit einem gezackten Messer in Stücke geschnitten, in ein Körbchen gelegt und auf den Tresen gestellt wurde, wo ich von meinem Brotstück abfiel, durch das Geflecht des Körbchens glitt, um für kurze Zeit am Saum eines Kleides zu kleben, dessen Trägerin aber eine solch antiseptische Ausstrahlung hatte, daß ich auch von ihr abfiel. Schwindlig geworden fand ich mich an der vertrauten Kaffeemaschine.

(Erklärungen, Plauderei, Leere)

Und dann war mir, als müsse jedes mühevoll gesprochene Wort, das meinem Körper entwischt war, wieder ausgeglichen werden, ich wollte über die Maßen atmen, über die Maßen essen und trinken, durch Blicke etwas in mich aufsaugen, und das Filigrangeflecht meiner Panzerungen, die Vielzahl der Häute, die Strategien der Unanfechtbarkeit drohten in sich zusammenzubrechen und mich um so heftiger in einen Strudel, einen Mahlstrom der Wünsche, des Begehrens hineinzureißen. Und ich will nicht einen Anblick bieten, der mir obszön schiene, ich wollte mir nicht als rohes Fleisch begegnen in den spiegelnden Glasfronten der Bürohäuser, als nach außen gekehrter Rohling, Nervenklumpen in den getönten Scheiben vorbeigleitender Limousinen, als Abbild (eines Wechselbalges) in Pfützen verschütteter Getränke.

Ich erwartete den Moment, in dem ich in eine nächtliche Landschaft eintrat, eine Ebene, auf deren Ende kein ferner Gebirgszug hindeutete, sondern wo sich, wie an einem Meer, die Linie des Horizontes nie nähern will, je weiter, je schneller man sich auch auf sie zubewegt.

Einen immer wiederkehrenden Hunger einmal endgültig zu stillen, war der Antrieb, und es trieb mich auch die Angst, diesen immerwährenden Hunger zu verlieren, da alles, was in mir ein Pochen oder ein Vibrieren verursachte, doch der Motor sein könnte für den Aufruhr wie für die Zufriedenheit. Das Ausmaß der Betäubung ist ebenso der Maßstab der Aufruhr, aus der ich taumelte in die mal blühende, mal öde, in die fruchtbare wie verdorrte nächtliche Landschaft, in der ich mich verlieren wollte, um Teil von ihr zu werden.

Und was tun Sie, fragte sie.
Meine Maschine summt.
Und was tun Sie?
Auch ich summe.
Wie langweilig, sagte sie.

Das Summen spüre ich in meinem Körper als angenehme, prickelnde Belebung. Über die Bildschirme jagen Kolonnen von Zahlen und Zeichen.

Was für Zahlen, was für Zeichen?

Das gesammelte Wissen, alle Nachrichten, das gemeinsame Gedächtnis der Menschheit.

Sie sind betrunken.

Demnächst, hoffe ich. Das gesammelte Wissen soll mal Ruhe geben, das Gedächtnis der Menschheit für ein paar Stunden schwinden. Ich will dumpf sein, mit Resten mich zufriedengeben. Reizvollen Resten.

Zum Beispiel?

Ihren Brüsten.

Sie ging wohl darüber hinweg. Sie runzelte die Stirn, sie strengte sich an:

Welch Ausmaß an Information, aber gerade in ihrer unübersehbaren Menge wird sie mir bedeutungslos. Ein Zeichen läßt die nachfolgende Zahl zur offensichtlichen Lüge, Fälschung, Farce werden. Die Katastrophen gleichen sich, für jedes Opfer ist auf der Stelle Ersatz zu finden, selbst das Sterben ist Schwindel. Tod ist Verschwinden, um wieder aufzutauchen. Katastrophen, wie angenehm in der Sicherheit ihrer

Wiederholung, sagte sie.

Sie zitieren, sagte ich.

Ich weiß aber nicht mehr wen, sagte sie. Im allgemeinen ist mein Gedächtnis gut, nur mein Namensgedächtnis ist miserabel.

Finden Sie, ich rieche gut?

Ja, aber der Markenname des Parfums fällt mir nicht ein. Einen Preis könnte ich Ihnen nennen, aber nicht den Namen der Marke. Cézanne oder so ähnlich, achtundvierzig Mark.

Achtundvierzig Mark, stimmt.

Wie sie mich so von den Schuhen bis zur Haarfrisur musterte, wurde mir klar, daß ich diese Frau schon mehrmals in dieser Bar gesehen hatte, und auch die Art ihres musternden Blickes verriet mir, daß sie mich ebenfalls bereits wahrgenommen hatte, und ich wußte nun recht genau, was sie hinter ihren, so bildete ich mir ein, begehrlichen Augen dachte, nämlich, daß ich über eine unerschöpfliche Garderobe verfügen müsse. Dabei besitze ich nur drei zugegeben bessere Anzüge, die ich aber, durch ein ausgeklügeltes Kombinieren, stetig in Teilen zu tragen pflege, dazu die Hemden, die in ihren Farbtönen sämtlich zu meinen Socken, Schuhen, Krawatten und Anzügen passen, wodurch dieser nicht ganz unbeabsichtigte Eindruck der unerschöpflichen Auswahl entsteht. Und einen Beobachter, der dieses System durchschaut hätte, habe ich bislang noch nicht getroffen. Ja, ich bezweifle, daß es in dieser Stadt der schnellen Blicke jemals wieder einen solchen Beobachter geben könnte. Und ich brauche einen solchen Beobachter nicht, keine Begegnung und kein Gespräch; denn was sollte er mir auch mitteilen, was ich selbst nicht schon längst wüßte. Die Kunst in diesem ständig wechselnden Bild, das ich in dieser Stadt biete, liegt eigentlich nicht in der Fülle der möglichen Bilder, sondern in der Wiedererkennbarkeit auch innerhalb einer solchen Fülle, und dies ist eine Kunst, so schmeichle ich mir insgeheim, die in dieser Stadt der wechselnden Bilder kaum mehr jemand, kaum mehr ein Bild, kaum mehr ein Anzugträger beherrscht. Ja, kaum mehr ein Straßenzug, eine Passage oder Promenade bewahrt über längere Zeit ein Gesicht, die Fassaden sind dem jahreszeitlichen Ablauf der Moden unterworfen, die

Cafés und Geschäfte wechseln ihre Besitzer und ihr Äußeres, ihr Inneres, ihren Geruch und ihre Kunden. Die Passanten und Flaneure verlaufen sich in der Verwechselbarkeit der Vielfalt, und im schlimmsten Fall bemerken sie nicht einmal, daß sie sich auf Irrwegen befinden, auf nicht vertrauten Pfaden, ja, vielleicht gar auf feindlichem Gebiet.

Ungeduldig erwartete ich die gnadenlos über mich hereinbrechende Müdigkeit. Sie kündigte sich in der Regel sanft, mitunter kaum merklich an, so daß ich, befand ich mich gerade in einem angeregten Zustand, der auf das Trinken, das Reden, das Rauchen, die Lust, das Schauen oder Fühlen ausgerichtet war, von der Müdigkeit mit einer solchen übermächtigen Kraft ohne jegliche Vorbereitung überfallen wurde, daß ich glaubte, nun müsse ich sterben, nun ist es aus, und endgültig mündet alles in Schwarzblau, in der Stille. Die Zeichen, die diese Todesmüdigkeit, Sterbensmüdigkeit ankündigten, waren oft so verborgen, so an der Oberfläche der Haut vorbeihuschend, oft nur das Haar streichelnd, die Hände kitzelnd, zwischen den Zehen leckend, daß mich sehr oft der Schlag auch ohne Vorbereitung traf. Dann half fast nichts mehr: kein kaltes Wasser, auch keine mir noch so heftig selbst versetzte Ohrfeige, dann half nur ein: Gut, jetzt Sterben, gut, jetzt ist es aus, das zu denken und dann in aller Aufrichtigkeit das Ende zu erhoffen. Es war noch nie gekommen, und die Enttäuschung darüber hat mich noch allemal wieder wach gemacht, über den Gipfelpunkt des Schlafenwollens hinweggehoben, so daß es dann, danach für lange Zeit geschehen war um den Schlaf, so daß dann, nach und nach und immer häufiger, ja, am Ende gar schneller werdend, das sich auf alles, was ich berührte, ja, dann auch alles, was ich ansah, übertragende Pochen begann. Der kommende Tag pochte an die Pforte des Kopfes, die Nacht war vorbei.

* * *

Nachwort des Herausgebers

Thomas Strittmatter, am 18. Dezember 1961 in St. Georgen im Schwarzwald geboren, ist am 29. August 1995 in Berlin an einem plötzlichen Herzversagen gestorben. Mit seinem Tode, das steht fest, verlor die deutsche Literatur einen der bedeutendsten Autoren der jüngeren Generation. Für den vielseitig begabten Schriftsteller, Maler, Drehbuchschreiber und Hörspielautor stand das Thema des Todes im Zentrum seines Schaffens. Er war ein Künstler, der unbeeindruckt vom Zeitgeist auf seine besondere archaische Weise Tod und Welt zusammendachte. Die beeindruckendsten Bilder und Reflexionen in Strittmatters erstem und einzigem Roman *Raabe Baikal* sind dem Tod gewidmet.

Milchmusik ist die erste Veröffentlichung aus dem literarischen Nachlaß von Thomas Strittmatter. Daß er an diesem Prosaprojekt arbeitete, war seinem Umkreis durch mündliche und schriftliche Erwähnungen bekannt. In einem Brief schreibt er: »Es handelt sich bei Milchmusik um sieben stafettenartig verquickte erzählerische Monologe. Menschen befinden sich in ständig wandelnden, geschwinder werdenden Lebenszusammenhängen, ihre Wahrnehmung verändert sich wie ihre zwischenmenschlichen Bindungen. Meine neue Prosaarbeit versucht, diese komplexen Veränderungen erzählerisch zu fassen, die Form des Monologes soll anhand von sieben autonomen, trotzdem aber zusammenwirkenden Sprachapparaten sprachlich-evolutionäre Vorgänge poetisch darstellen.«

Von den ursprünglich geplanten sieben Monologen hat Strittmatter nur zwei fertigstellen können; offensichtlich befand sich auch der zweite Monolog *Im Kolk* noch in Arbeit, darauf weisen unter anderem die zwei in Klammern gesetzte Einschübe auf den Seiten 67 und 69. Trotz des nicht Ausformulierten handelt es sich bei *Milchmusik* um ein vom Umfang her kleines, von seinem literarischen Gewicht jedoch bedeutendes Prosawerk, in sich rund und geschlossen – zwei Geschichten, in einem Atemzug zu lesen.

Im Nachlaß von Thomas Strittmatter existieren mehrere Fassungen und Fragmente von *Milchmusik* und *Im Kolk*, als Manuskript auf Papier sowie digital auf Disketten, die für die Herausgabe gesichtet wurden. Ein erstes Fragment beginnt mit dem Selbstgespräch eines gewissen Herrn »namens Dressler, der nie aus dem Haus ging, von wenigen Ausnahmen abgesehen«, eine frühe Fassung war betitelt mit »Mundmusik« – in Anspielung auf das Spiel der Maultrommel, mit der der Junge das Milchgedicht vertont und es damit vom Gewicht der Worte und des lastenden Sinnes befreit. Die dem Druck zugrundegelegte Fassung der beiden Monologe entstand voraussichtlich im zweiten Halbjahr 1992 und ist nach den bisherigen Untersuchungen die Fassung letzter Hand; diese Fassung wurde von Strittmatter selbst mehreren Personen zugänglich gemacht. Handschriftliche Korrekturen des Autors von Mitte 1993 in einer dieser Kopien wurden berücksichtigt. Bei der Herausgabe wurde auf Eingriffe in den Text weitestgehend verzichtet; in der Vorbereitung zum Druck wurden im wesentlichen die notwendigen orthographischen Berichtigungen durchgeführt.

Die beiden in *Milchmusik* versammelten Monologe sind in der Tat »autonom« und, wie Strittmatter ankündigte, »zusammenwirkend«, so daß sie ein Ganzes bilden, in dem auf überraschende Weise sämtliche bestimmenden Themen seines Werks anklingen. Auch sein wichtigstes, das größte Thema von Leben und Tod. Denn nichts weniger als die Geschichte von Tag und Nacht wird vor uns ausgebreitet, die Geschichte vom Werden und Vergehen, gleichzeitig eine melancholische Betrachtung der Zerstörung unserer Umwelt durch die Zivilisation, in der die Tiere ebenso entfremdet leben wie der Mensch in seinem Körper. Und auch das Herz spielt eine Rolle, eine düstere Andeutung, eine Todesahnung.

In einem Gespräch, das der Autor etwa zum Zeitpunkt des Entstehens von *Milchmusik* mit dem Herausgeber führte, erwähnte er die Schwierigkeiten des Schreibens für ihn: »Wie kann man die moderne Welt beschreiben, ohne zynisch zu werden?« Man kann sagen, daß es Thomas Strittmatter in seiner Prosa, in seinen Stücken und Filmen, in seiner Kunst insgesamt gelungen ist, die von ihm empfundene tiefgreifende Problematik moderner Zivilisation ohne Zynismus, sondern vielmehr in einem leicht wehmütigen, liebenden Verständnis abzubilden.

Auch *Milchmusik* ist ein solches Beispiel, jene poetische Parabel über die Vielgestaltigkeit der Existenz und zugleich über deren Aussichtslosigkeit. *Milchmusik:* zwei Monologe aus dem Nachlaß, die wir zum Andenken an den ersten Todestag des im vergangenen Jahr so überraschend und viel zu früh verstorbenen Schriftstellers und Freundes hier erstmals veröffentlichen.

Joachim Unseld, Juli 1996